AF538253

JJ. Bozo / Graig Bonilla

El día que el Diablo se cagó en Venezuela

Autor. JJ. Bozo / Graig Bonilla

El día que el Diablo se cagó en Venezuela.

Historia y política venezolana.

Bogotá D. C. – Colombia.

2021.

Primera edición.

Portada. J.J Bozo.

Queda prohibida la reproducción parcial o total de este libro por cualquier proceso eléctrico, químico, mecánico, óptico, de grabación o fotocopia, sin previa autorización de los autores.

DEDICATORIA

Este libro es un homenaje a…

Los más de trescientos treinta mil muertos, en estos veinte años de revolución y miseria absoluta.

Los más de seis millones de desplazados venezolanos, que aún conservan la esperanza de regresar con sus seres queridos y terminar con esta pesadilla que los consume día a día.

Los presos políticos, que ven pasar su vida a través de los fríos barrotes de las cárceles venezolanas.

Todos los hombres, mujeres y niños, que llevamos a Venezuela en nuestra alma y corazón.

Dedicado al pueblo de mi amada Venezuela…

AGRADECIMIENTOS

A mis padres que me dieron la vida, educación y unos excelentes valores.

A mi país Venezuela, del cual Salí con la mejor preparación profesional que pude haber tenido y que me dio los mejores momentos de mi vida.

A mi esposa e hijos por permitirme tener el tiempo necesario para escribir este libro.

A todos los que de alguna u otra manera colaboraron para la realización de esta obra...

NOTA DEL AUTOR

Aún recuerdo la casa de mi abuela materna, todos sentados alrededor de un televisor viendo las aventuras del Zorro. Un hogar humilde pero con mucho amor, mi mente me traslada al pasado y como si fuese una máquina del tiempo, me veo corriendo por el medio de la sala con nuestros pies descalzos sobre el cemento rústico, mismo que aceleraba nuestros pasos, en un movimiento muy rápido cambiábamos el televisor de canal para emprender nuevamente la carrera, mi tía Olga, adulta por fuera, pero niña por dentro, nos lanzaba las chancletas con la puntería de Robín Hood, un cotizaso certero en el pescuezo nos hacía revolcar en la arena, nuestra abuela nos amenazaba con un chuchito de cayena que era lo único que nos tranquilizaba, ardía como un latigazo el condenado, pero nos lo merecíamos por traviesos. Que días aquellos, los más felices de toda mi vida.

Por aquellos días, un militar con ínfulas de héroe se pronunciaba en la televisión, con un discurso de grandeza y libertad, mi abuela al verlo dijo, “véanlo bien, porque ese es el diablo y llevara a Venezuela al infierno”, yo incrédulo aun, pensé “abuela está loca y que el Diablo” y me sonreí.

Pues resultó que aquel **HIJO DE PUTA** vestido de militar si era el Diablo y Venezuela es ahora el infierno que mi abuela profetizó.

JJ. Bozo.

NOTA DEL AUTOR

Al escribir este libro, me parece estar aun viviendo las repetibles visitas del ente regulatorio de las telecomunicaciones CONATEL en Venezuela, otra de las instituciones manchada por la revolución socialista y dictatorial venezolana buscando la manera para sancionar o expropiar la empresa de telecomunicaciones donde yo trabajaba, esto con el fin de tener el control total de todas las llamadas y comunicaciones del país, tal como lo hacen los estados comunistas y socialistas del mundo.

Nunca les bastó con la nacionalización de la empresa privada CANTV y la politización de Movilnet, para sus fines de persecución. Siempre vivimos entre amenazas de cierre, cancelación de concesiones de los espectros radioeléctricos, todo con el objetivo de obtener beneficios de localización de personas de la oposición políticas y sus enemigos personales, mediante la ubicación de sus teléfonos celulares; en muchas oportunidades teníamos que escondernos para no recibir las amenazas, por no contribuir con los

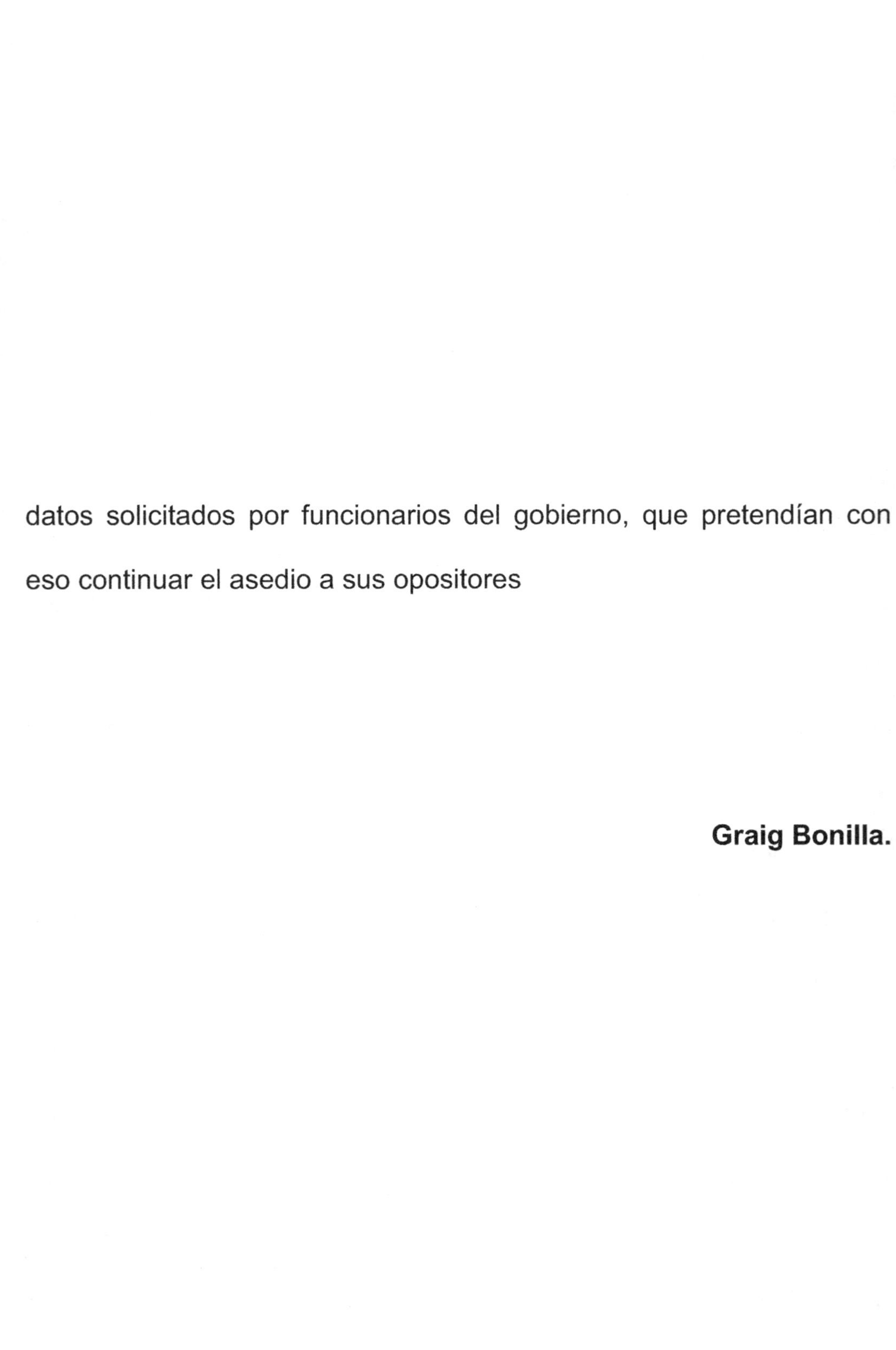

datos solicitados por funcionarios del gobierno, que pretendían con eso continuar el asedio a sus opositores

Graig Bonilla.

JJ. Bozo / Graig Bonilla

El día que el *Diablo* se cagó en Venezuela

"Hugo Chávez, dedicó su vida entera a que la historia hablara de él, ciertamente lo logró, hoy en día todos los libros de historia de Venezuela hablan del chavismo como la maldición más grande del continente".

JJ. Bozo.

Y la mierda cayó en Barinas.

El 28 de julio de 1954 nace en el pueblo de Sabaneta de Barinas Hugo Rafael Chávez Frías, de familia humilde, el tercero de siete hijos, sus padres maestros de escuela primaria. Chávez decía tener tres madres, su madre biológica, su abuela Rosa Inés y Sara Moreno, una vecina de aquellos lugares de su infancia. Pero en realidad quien lo crió fue su abuela paterna, ya que sus padres eran tan pobres que no podían mantenerlo y decidieron deshacerse de él, su abuela negra, como el mismo la llamaba, veló por su educación y manutención. De pequeño, Hugo Chávez fue conocido como el Arañero ya que vendía dulces típicos llamados arañitas que elaboraba su abuela, estos eran el único sustento de aquel hogar.

Soñaba con ser pintor, y pelotero profesional, pero su falta de talento en estas dos disciplinas lo llevo a inscribirse en la academia militar venezolana, donde encontró su verdadera vocación, vivir del Estado.

Este charlatán se jactaba de sus abuelos, siempre queriendo aparentar una herencia de valientes que no tenía, su abuelo paterno según él fue compañero de Ezequiel Zamora y su abuelo materno Pedro Pérez Delgado, Maisanta, como él mismo lo llamaba, una fantasía que creía como si fuese cierta, dando a entender que estaba a la altura del mismo Simón Bolívar.

Se creía más patriota que los libertadores, justificando el abandono egoísta a su esposa e hijos, con el cuento de la lucha por la patria y la libertad. Hugo Chávez se aprovechó de la ingenuidad del pueblo venezolano luego del Caracazo, el cual fue originado por las medidas impuestas por el Fondo Monetario Internacional y el deterioro de la democracia venezolana, usando el populismo y conociendo muy bien las palabras de Simón Bolívar quien dijo: "Mas nos han dominado por la ignorancia que por la fuerza", Chávez se dedicó a engañar al pueblo venezolano.

El cuatro de febrero de 1992 Hugo Rafael Chávez Frías, pronunció su famoso "por ahora", al fracasar en un intento de golpe de Estado, en dicha rebelión militar Hugo Chávez fue el único que no logro alcanzar sus objetivos, todos sus compañeros tuvieron éxito en su cometido, pero este al verse superado por las fuerzas del gobierno del aquel entonces presidente Carlos Andrés Pérez, se acobardó cual gallina, traicionando a sus compañeros y capitulando ante las cámaras de los medios de comunicación, mismos que irónicamente cercenaría, eliminando la libertad de expresión en Venezuela.

Gracias a un indulto presidencial del mandatario del momento Rafael Caldera, sale de la cárcel y su popularidad crece como la espuma. Promovido por los ricos de Venezuela y los medios de comunicación quienes creyeron que podían manejar a su antojo a un subestimado teniente coronel con ínfulas de libertador. Este utiliza una estrategia de comunicación exitosa, diciéndoles a los empresarios y a los pobres lo que estos querían escuchar, Chávez gana las elecciones presidenciales del año 1999, dándose a conocer como el gran estratega de la mentira

Una vez en el poder cambia su fachada de militar simpático y dicharachero, administrador del casino del ejército, coartada que le sirvió para conspirar por más de 20 años dentro de las fuerzas armadas de Venezuela, por un presidente autoritario que creía tener a Dios agarrado por los webos. Sus ínfulas de ganador lo hacen someter a referéndum su petición para proclamar al país como Estado socialista, pero el pueblo voto a favor del **NO**, dejando al comandante en una profunda rabia, **(tildando la victoria como una victoria de mierda).**

Usando un muy bien elaborado plan donde obligaba a los trabajadores públicos y sus familiares a ir a las concentraciones que convocaba **(personalmente fui testigo del amedrentamiento por parte de mis supervisores)**, logra llenar calles enteras, todo esto como fachada para aparentar que eran mayoría absoluta en el país.

Basando sus campañas políticas en afecto (amor con amor se paga) y con un poder electoral inclinado a su favor, **(donde Jorge Rodríguez, pasa de rector del Consejo Nacional Electoral a vicepresidente de la República como pago a sus servicios de fraude a favor del comandante),** gana elección tras elección, pero con el tiempo, esta trampa sale a la luz, cuando la empresa **SMARTMATIC**, empresa encargada del sistema de votación, se pronuncia diciendo que los resultado de las elecciones habían sido manipulados, por supuesto todo esto fue negado por el CNE, y nunca se permitió realizar una auditoría para corroborar los resultados.

A través de la aprobación de leyes habilitantes que le dan todo el poder al presidente y pasando sobre la decisión del pueblo, Chávez convierte al país en un Estado socialista, decisión que marcaría el principio de la tragedia venezolana.

Expropiaciones de empresas privadas, control de cambio, cierres de canales de radio y televisión, presos políticos, torturas, represión social, politización, destrucción de Petróleos de Venezuela, devaluación de la moneda, entrega del país al gobierno cubano, apropiación de la renta petrolera, empeño del país a China, Rusia e Irán, poderes arrodillados y doblegados al Estado, colocación de militares en puestos claves, entre otras cosas. Estos fueron el caldo de cultivo para la desgracia conocida como el socialismo del siglo XXI, la cual aparto a Venezuela del lado democrático y la sumergió en la más profunda de las dictaduras.

"La ambición de dinero y poder, los ha cegado de tal manera, que no solo acabaron con las riquezas del país, sino también con la educación, la salud y las necesidades básicas de un pueblo que lo tenía todo, antes de la mal llamada revolución Bolivariana, la cual pudiera compararse con una de las peores plagas bíblicas".

Graig Bonilla.

El plan (La sucesión).

Desde que llegó a la presidencia, en febrero de 1999, Chávez expresó su más profundo afán, llegar al poder hasta el 2021, este era el plan inicial, pero sus ansias de poder y su obsesión por ser como Fidel Castro lo hacen desistir de esa idea. Perpetuarse en el poder y pasar su legado de generación en generación, era el nuevo plan trazado en la mente de este pseudo demócrata, para eso trabajó arduamente, impulsando reformas de la Constitución que le permitieran reelegirse sin límites, pero su ambición de ser presidente vitalicio fue opacada por uno de sus más anhelados deseos **(patria o muerte),** es que hay que tener cuidado con lo que se desea, pues la vida es caprichosa y suele concederlos.

La noticia de su cáncer lo tomó por sorpresa y lo hizo entender la fragilidad de la vida, por lo que decidió adelantar su plan, entrenar a su hija María Gabriela en materia política y geopolítica, esta tarea sería encomendada a su secuaz más leal Rafael Ramírez.

Lo que Hugo Chávez no sabía, era que la traición rondaba dentro de sus más cercanos seguidores, su mentor Fidel Castro había enquistado un tumor en la democracia venezolana, a través de un plan, el cual consistía en colocar militares en puestos claves dentro de las instituciones públicas venezolanas, se hizo de la administración del órgano encargado de identificación (SAIME), y de puestos relevantes dentro de las fuerzas armadas. Como si esto fuera poco, colocó médicos cubanos en todo el país, quienes además de ejercer la medicina, eran espías que informaban a la inteligencia de la isla todo lo ocurrido dentro de nuestro territorio nacional

El amor de Chávez hacia su maestro Fidel Castro lo hizo cegarse, colocando a su disposición, todas las instituciones públicas **(Esto es traición a la patria),** sin mencionar que le regalaba el petróleo de los venezolanos, como parte de pago por destrozar el país.

En un audio grabado desde la Habana, convaleciente y aún recluido en un centro de salud, Hugo Chávez le confiesa a su hermano Adán, que ha sido traicionado por su círculo de mayor confianza **(El Gobierno Cubano).**

En su lecho de muerte, desahuciado, carcomido por un inesperado enemigo que avanzaba portentosamente, este héroe de millones de ingenuos, quien se creyó protegido por los inescrutables santeros y espíritus de la vieja habana, tomo su última decisión.

Hugo Chávez, sentía adoración por su hija María Gabriela, al punto de preparar la sucesión a su nombre, e hizo llamar a cuatro de sus más confiable y leales seguidores (entre los cuales se encontraba, Rafael Ramírez), con el fin de informarles su última voluntad, que no era otra, que dejar a Nicolás Maduro como presidente provisional, (una especie de marioneta), mientras se preparaba la sucesión del poder a nombre su hija, pero finalmente pesó más la sed de poder de sus traicioneros amigos y Maduro sucedió al líder.

La presidenta de Argentina Cristina Kirchner, llegó a Caracas con la noticia de un testamento escrito de Hugo Chávez, si bien no se dió detalles de su contenido, el texto señalaba a Maduro como sucesor, lo que acabó por derrotar las aspiraciones de Cabello como sucesor del poder.

"Chávez siempre profesó la libertad, una libertad que se basaba en pensar decir y hacer lo que ellos decían, que ironía cada día somos más esclavos y presos de su maldito comunismo".

Maglenys. Bozo.

Abogada venezolana.

El muerto insepulto.

"Hoy 5 de marzo, a las 4:25 de la tarde, ha fallecido nuestro comandante presidente Hugo Chávez Frías". Estas fueron las palabras del entonces vicepresidente Nicolás Maduro.

Los líderes de otros países, a quienes Chávez había comprado a fuerza de regalar el petróleo del pueblo, dieron el pésame a la vez que aclaraban la duda, si seguirían contando con esa vaquita lechera, ese chorro de petróleo que en realidad era lo único que les importaba.

Vestido de rojo y basando su campaña en que era el hijo de Chávez, vociferando que defendía el legado del comandante eterno, Nicolás Maduro gana la campaña presidencial. Con la complicidad del Consejo Nacional Electoral (CNE) en unas elecciones fraudulentas y muy bien elaboradas para que la diferencia fuese muy poca y no se sospechara del grandioso fraude realizado. El muerto había hecho su última jugada.

"Si se presentara alguna circunstancia sobrevenida que a mí me inhabilite, mi opinión firme, plena como la luna llena, irrevocable, absoluta, total, es que en ese escenario que obligue a convocar elecciones presidenciales, ustedes elijan a Nicolás Maduro como presidente de la República Bolivariana de Venezuela".

La desconfianza del comandante hacia Diosdado Cabello, (un asesino arrogante hambriento de poder) quien maneja las fuerzas armadas a su antojo, hace que Chávez apoye a Nicolás Maduro, el cual siempre había fingido un papel de seguidor leal, lo que este no sabía era que Maduro tenía sus propios planes, basados en desaparecer toda memoria del comandante y remplazarla con una nueva figura, la del presidente obrero.

Fuentes de inteligencia americana aseguran que Chávez murió en Cuba el 28 de diciembre del 2012, también informaron que 13 toneladas de oro fueron transportadas desde las reservas del banco de Venezuela, hasta Cuba, además de 20 mil millones de dólares sacados de las reservas internacionales y depositadas en el banco central de Cuba.

El Capitán venezolano **Leamsy Salazar** jefe de seguridad de Hugo Chávez, confirmó que el presidente Hugo Chávez murió en Cuba, a las 4 de la madrugada, el 28 de diciembre del 2012, de un paro respiratorio.

Durante varios meses el muerto insepulto siguió dirigiendo el destino de Venezuela a través del vicepresidente Nicolás Maduro, pero no fue hasta el 5 de marzo del año 2013 cuando dieron a conocer la noticia de la muerte del comandante, haciendo todo un Show mediático, como si se tratase de la muerte de un muy querido personaje y aunque los medios mostraron un sinfín de personas que se reunían en una caravana sin precedentes, luego se descubrió que en realidad, la mayoría fueron obligados a ir, todo con tal de no perder sus puestos de trabajos del cual dependían. Personas aseguran que fueron pagados para llorar y lamentarse en público, miles de personas engañadas y obligadas a adorar un féretro vacío, mismo que hoy en día representa la maldición más grande que ha sufrido pueblo alguno.

Lo más importante que se desprende de todo este asunto de la muerte de Chávez y todo el circo que siguió después, es el enorme engaño al pueblo venezolano, quedando así al descubierto, el fraude de los dos gobiernos **(Venezuela y Cuba)** al no sentirse preparados para dar la noticia a los venezolanos, ya que, sin el comandante a bordo de la nave, temían perder el poder en las elecciones que le seguirían.

(En las oficinas de PDVSA, se observaban dos tipos de personal, las que lloraban por la tristeza de haber perdido a un falso ídolo, y los que celebrábamos, al pensar que la pesadilla había terminando, sin imaginar que esta apenas comenzaba).

"Chávez juró con todas sus fuerzas, que todos seriamos iguales y por supuesto que cumplió su promesa, ahora todos los venezolanos somos pobres".

Heidi Leal.

Abogada Venezolana.

La traición del colombiano.

Nicolás Maduro heredó el poder de la mano de Chávez, ya que por su propia popularidad no lo hubiese conseguido nunca, a pesar de esto, el chofer se dedicó a destruir lo poco que el comandante había logrado en materia política y social. A tan solo cien días de mandato del presidente obrero, Venezuela se hundía en una especie de arena movediza.

Nicolás Maduro conocido en Venezuela como el nuevo rey Midas ya que todo lo que toca lo convierte en **MIERDA**, pasó de ser un simple chofer del metro de Caracas a diputado de la asamblea Nacional constituyente, todo esto por la influencia cubana, ya que, a pesar de ser un hombre sin estudios, fue formado en cuba como cuadro revolucionario.

Pablo medina en su libro El gran engaño, explica como todo se trató de un plan muy bien organizado, desde el asesinato del comandante como un imbécil en Cuba, hasta el ascenso de Maduro hacia el poder.

La influencia de Fidel Castro sobre Chávez da resultado al hacerle creer que su cáncer tiene cura, llevándolo a Cuba para su tratamiento y supuesta recuperación, pero la verdad era otra, allí teniendo al comandante Chávez en su estado mental más débil, implanta la idea de dejar a Nicolás Maduro como su sucesor hasta que su hija María Gabriela Chávez tomara el poder como futura heredera de la dinastía.

Pero en los planes de Nicolás Maduro no estaba planteado entregar el poder, con la asesoría de su pareja sentimental Cilia Flores **(la primera hija de puta, digo la primera combatiente)** y el gobierno cubano dan una estocada mortal a todo lo que recuerde el nombre del muerto insepulto.

El primer paso fue destituir a Rafael Ramírez y arrasar con todo lo que este representaba, encarcelar a sus colaboradores dentro de Petróleos de Venezuela (**PDVSA)**. Personalmente fui perseguido por las fuerzas de seguridad del Estado, solo por trabajar en un departamento creado por el mismo Rafael Ramírez, yo corrí con suerte, pero muchos de mis compañeros de trabajo hoy en día se pudren en una cárcel venezolana, sin juicio, solo por hacer su trabajo. **(Así tendrían a quien echarle la culpa de la quiebra de PDVSA).**

Apartarse del color rojo, ya que este recordaba al comandante Chávez y si Nicolás quería dejar de vivir a la sombra de éste, debía usar su propio estilo, esta fue la segunda tarea ordenada por sus asesores, luego seguiría el tercer paso, eliminar las famosas misiones, además sustituir poco a poco el partido político fundado por Chávez (PSUV) por uno creado por el mismo Nicolás Maduro (Movimiento Somos Venezuela), hacer al pueblo de Venezuela dependiente de él, por lo que, eliminó el mercado de alimentos (Mercal) creado por Chávez, mercado que suministraba alimentos a precios subsidiado (otra de las medidas populistas de Hugo Chávez) y lo sustituyó por el (CLAP) las famosas bolsas de la miseria y los bonos de la patria, el cual se han convertido en un bozal de arepas para el pueblo venezolano, ya que todo el que quiere disfrutar de esta miseria, es obligado a votar por ellos o inscribirse en sus famoso partido político.

Maduro también le da vida al Petro una criptomoneda que tiene su valor en el precio del crudo venezolano, pero ni con este invento logra recuperar la economía consumida por un híper inflación de más de **23 mil %** anual, la destrucción de Petróleos de Venezuela por la desidia y más de 20 años sin inversión hacen que la producción petrolera se reduzca de 3 millones de barriles diarios a 360 mil, siendo esta la verdadera razón de la miseria en la que vive sumergido el pueblo venezolano.

Con la producción de petróleo por el piso, Maduro decide tomar otro rumbo económico y entrega las minas de oro existentes en Venezuela, a los líderes negativos de las cárceles venezolanas, colocando al frente de la negociación a una de las barraganas del comandante, la di**PUTA**da Iris Varela, quien se encarga de suministrar armas y dar las concesiones de las minas, a cambio del 50 % de la extracción, claro esas toneladas de oro no llega a manos de ningún Venezolano de a pie, todo es guardado en las arcas Cubanas y Rusas, repartidas entre todos esos malvivientes que ahora están en el poder.

Esta es la verdadera traición del colombiano al pueblo de Venezuela, quien día a día muere de hambre y desesperación, sin encontrar la salida a esta situación.

"Se fumaron un pañal cagado y en su nota, gobiernan o eso creen".

Freddy Greatvidei.

Youtuber venezolano

Los exiliados.

La migración de venezolanos no tiene precedentes en la historia del mundo, es el desplazamiento de personas vulnerables más numeroso y más rápido sobre la faz de la tierra, personas descalzas, sin comida, sin ropa, sin agua, sin dinero, sin hogar, sin un destino donde llegar, solo con el sueño de libertad, hombres, mujeres y niños, dejando detrás todos sus ilusiones y anhelos, es una escena desgarradora desde todo punto de vista. Pero este capítulo no se trata de esa migración, **(no porque no sea importante),** sino porque queremos contar la migración de otro tipo de venezolano.

Venezolanos que le siguieron el juego al gobierno hasta hacerse multimillonarios, Esta historia se trata de los exiliados, ex chavistas, personas que nunca tuvieron limitaciones, nunca les falto la electricidad, el agua, la gasolina o medicamentos, venezolanos que nunca sufrieron las vivencias del pueblo.

Estos aprovechadores profesionales, llevan una vida llena de lujos y extravagancias, personas que están bien con Dios y con el diablo y que siguen a la espera de la mínima oportunidad para volver al juego de la política sucia que solo ellos saben jugar.

Rafael Darío Ramírez Carreño

El más inteligente de los seguidores de Hugo Chávez, **(por supuesto inteligencia que uso para su beneficio personal),** leal como ninguno al comandante, fue el encargado de capacitar en materia de hurto, perdón en materia política, a la hija preferida del difunto, María Gabriela Chávez.

Este ingeniero, político y diplomático venezolano, que se desempeñó como ministro del Poder Popular de Petróleo y Minería y como presidente de Petróleos de Venezuela (PDVSA), también fue representante permanente de la República Bolivariana de Venezuela ante la Organización de las Naciones Unidas y el Consejo de Seguridad de las Naciones Unidas

Egresado de la Universidad de Los Andes en ingeniería mecánica, con experiencia en desarrollo, coordinación, gerencia en proyectos de ingeniería y construcción en la industria petroquímica y gasífera, se encargó de renegociar a su antojo y conveniencia todos los contratos de las empresas transnacionales para ajustar estas empresas al nuevo marco legal petrolero, proceso en el que se alcanzó 31 de las 33 empresas involucradas. Asimismo, durante este tiempo, fue el encargado de ajustar el nuevo régimen tributario petrolero al marco de la ley.

Ramírez fue removido del cargo de embajador de Venezuela ante la ONU en diciembre del 2017, afirmando que fue destituido por criticar al gobierno de Nicolás Maduro, actualmente vive en Italia como un magnate, gozando del dinero robado de la industria petrolera venezolana.

Este personaje fue presidente de la estatal petrolera venezolana por más de 11 años, tiempo en el cual no realizó ninguna inversión de importancia, además de enquistar a sus parásitos colaboradores en puestos claves, para que robaran y desmembraran a esta industria, que en su mejor momento llego a ser la segunda empresa petrolera más grande del mundo, esta es una de las razones por la que hoy en PDVSA se encuentra casi en la ruina y con muy pocas esperanzas de volver a ser la empresa prospera que un día fue.

Ramírez también ha sido relacionado con hechos de corrupción en 2017 por el Ministerio Público de Venezuela en el caso Andorra.

Luisa Ortega Díaz

Ortega obtuvo su título de abogada y se especializó en derecho penal en la Universidad Santa María, donde ejerció como profesora, también se desempeñó como consultora jurídica del canal de televisión del Estado, ingresando, posteriormente, al Ministerio Público como Fiscal Sexta, entre sus trabajos más destacados están, la acusación en contra de los comisarios Iván Simonovis, Henry Vivas y Lázaro Forero por los sucesos de Puente Llaguno.

Estuvo al frente de la investigación, procesamiento y detención de dueños y directores de una serie de pequeños bancos no simpatizantes del gobierno incursos en irregularidades en la administración de su patrimonio.

En abril de 2014, acusó al coordinador Nacional del partido Voluntad Popular, Leopoldo López por los delitos de Instigación pública, daños a la propiedad en grado de determinador, incendio en grado de determinador y asociación para delinquir. Posteriormente declaró haber sido presionada por Diosdado Cabello para imputar a López (que descaro el de esta tipa).

La Organización de las Naciones Unidas, la Unión Europea, Amnistía Internacional, Human Rights Watch, así como, diversas organizaciones internacionales de derechos humanos han condenado este arresto por haber sido motivado políticamente, ya que estuvo marcado por graves violaciones del debido proceso y no se aportaron pruebas que vinculen al acusado con ningún delito.

En el 2014, Delsa Solórzano, diputada al Parlatino, anunció que demandaría a Ortega Díaz por no haber investigado las pérdidas millonarias por el uso de dólares preferenciales de La Comisión Nacional de Administración de Divisas CADIVI.

El Tribunal Supremo de Justicia, usurpando la autoridad de la Asamblea Nacional, decidió suspender del cargo a la fiscal general Luisa Ortega Díaz y comienza su enjuiciamiento, además de congelar sus bienes, prohibirle salir del país e inhabilitarla para ejercer cargos públicos, por haberse opuesto públicamente a las elecciones de una Asamblea Constituyente, esto la empuja a huir del país saliendo hacia

Aruba y luego a Colombia donde hoy en día vive como toda una artista, protegida con escoltas y demás, por el gobierno Colombiano.

Estos dos maleantes de etiqueta, que disfrutaron las bonanzas de la era chavista y que al ver que sus planes personales eran pisoteados por Nicolás Maduro, decidieron buscar una excusa para largarse de Venezuela y así no quedarse viviendo entre la mierda y la miseria que hoy se vive en nuestro país.

"Escapar de la dictadura, no se logra solo con el uso de las armas y la fuerza, hace falta vencer la ignorancia y el egoísmo de las elites".

Jesús Sther.

Ingeniero Venezolano.

Venezuela en la miseria.

Según la organización HumVenezuela iniciativa independiente de la sociedad, **16,4 millones** de personas cayeron en **pobreza extrema** entre los años 2016 y 2019, esta afirmación es confirmada por indicadores como el salario mínimo legal, que recibe la mayoría de los habitantes y que se ubica en menos de un dólar mensual.

Pero la pobreza no necesariamente extrema, alcanza por igual al **96,2 %** de los venezolanos, **27,4 millones de personas que no tienen dinero suficiente para una vida digna** en el más mínimo de sus significados.

En este capítulo expondremos cifras que resultaron de la investigación de un año de trabajo y que requirió la validación de un gran volumen de información en la que participaron organizaciones de distintos sectores de la sociedad civil, incluyendo organizaciones de 13 de los 23 estados del país.

Hambre y más hambre

Al menos el **90%** de la población no cuenta con ingresos suficientes para pagar los precios de una canasta de alimentos y de servicios básicos, esto quiere decir que **26,1 millones** de personas, tienen dificultades para comer y para atender otras de sus necesidades más básicas, además **8 de cada 10** familias vive en inseguridad alimentaria.

La investigación recuerda que el **64%** de los venezolanos perdió en promedio 11 kilogramos entre 2016 y 2017, cuando empezó a arreciar una crisis cuya intensidad solo crece desde entonces. La desnutrición aguda global alcanzó niveles de emergencia en niños y embarazadas. **El 33 %** de los niños de entre 0-2 años de edad de sectores pobres tiene retardo en el crecimiento.

Situación hospitalaria

Al menos el **60%** de la asistencia médica pública que estuvo disponible en el año 2011 se perdió entre 2012 y 2017, mientras que el **57 %** de los médicos renunció al sistema hospitalario, que hoy tiene el

46,7 % de sus camas inoperativas, reducciones que han afectado directamente al **82 %** de la población usuaria.

El **66 %** subió la escala de muertes maternas y el **30 %** las infantiles de 2015 a 2016", 406.000 casos de malaria solo en 2017, junto a **10.952** de tuberculosis, mientras que **9.362** casos de difteria y sarampión en 2018 dejaron **230** muertes, estas son cifras que el Gobierno mantiene ocultas.

Según el informe, **18,7 millones** de personas con las condiciones de salud de mayor prevalencia, incidencia y mortalidad no tienen garantías de acceso a diagnósticos ni a tratamientos, entre ellos **140.000** personas con cáncer y más de **300.000** con condiciones cardíacas severas que hoy tienen menos posibilidades de sobrevivir.

Sin servicios públicos.

El colapso de los servicios públicos también fue medido en este informe. **9 millones** de venezolanos enfrentan severas restricciones para movilizarse por la falta de transporte público, un problema que se debe a la escasez de dinero en efectivo, autobuses y de combustible. Esta situación hace que al menos **190.000** menores no puedan asistir regularmente a la escuela. Cerca del **60 %** de los ciudadanos tienen problemas de comunicación por fallas o falta de telefonía móvil, mientras que el **60 %** de los hogares no cuenta con ningún servicio de internet domiciliario y al menos el **31 %** de la población no está suscrita a ningún servicio de telefonía móvil.

Así mismo, el **50 %** del país sufre interrupciones diarias del servicio eléctrico y un **24 %** tiene serias dificultades para acceder al gas doméstico, carencias que han motivado cientos de protestas en los últimos meses, pese a la prohibición de reuniones en medio de la pandemia por la covid-19.

Agua no hay.

El **82 %** de los venezolanos no reciben agua de manera continua y la que se recibe, a veces, no es potable.

Hoy poco más del **10 %** de la población utiliza pozos sépticos, las redes de distribución no tienen mantenimiento y actualmente se registran pérdidas de 5.400 litros por segundo de agua ya tratada, la falta de suministro de agua afecta al **75 %** de los centros de salud pública, que no la reciben o sólo esporádicamente, mientras que los planteles educativos, desde primaria hasta universidades sufren de severas deficiencias por esta situación como problemas sanitarios o inundaciones.

Sin educación.

En Venezuela, actualmente existen más de **1.000.000** de niños desescolarizados, mientras que **7 de cada 10** alumnos no asiste regularmente a clases.

El abandono del sistema escolar ha aumentado, en promedio, un **60 %** en el último quinquenio, tiempo en el que el **50 %** de los docentes del sistema público abandonaron sus puestos de trabajo en búsqueda de otras oportunidades con mejor salario, muchos de ellos emigraron del país.

Inseguridad y violencia policial (la verdadera pandemia)

Según el Observatorio Venezolano de Violencia en el 2020 ocurrieron **11.891 homicidios**, situando a Venezuela como el segundo país más violento del mundo, donde **4.000** de estos fueron cometidos por la propia Policía y la Guardia Nacional.

Briceño-León fundador del Observatorio denunció, que hay una **"epidemia de violencia policial"**, puesto que desde 2016 ha habido un aumento sostenido de la letalidad policial y desde entonces, cada año hay más víctimas por haberse resistido a la autoridad que los homicidios de cualquier otro tipo. Pero por primera vez en 2020 hubo más muertos a manos de policías que de delincuentes: 101 casos provocados por los agentes, por cada 100 homicidios delincuenciales. La mitad de esas muertes fueron cometidas por el Cuerpo de Investigaciones Científicas, Penales y Criminalísticas (CICPC) y la Policía Nacional, a través de la temida Fuerza de Acciones Especiales (FAES).

El Observatorio Venezolano de Violencia contabilizó 11.891 fallecidos por causas violentas, mientras que las cifras oficiales aseguran que han muerto 1.018 personas por COVID-19.

"Es tanta la adulación de Winston Vallenilla hacia Nicolás Maduro, que ya no le jala bolas, ahora le acaricia el pipe".

JJ. Bozo.

Jalando bolas se llega lejos.

En Venezuela el crecimiento de la inseguridad y la violencia ha sido exponencial, pero a la vez, se ha dado un fenómeno de degradación humana llamada jalabolismo, este fenómeno visto comúnmente en las áreas laborales se ha expandido a la política, llenando los espacios antes ocupados por estudiosos en las ciencias políticas o en leyes, por aduladores de oficio, personajes de poca educación, fracasados, que se han dedicado a lamer los webos de los gobernantes de turnos, idiotas tan grandes como sus egos y que les encanta tener imbéciles de estos, adulándolos todo el día.

Todo indica que la repugnancia que se siente no se compara con los beneficios obtenidos fruto de esta actividad, estos lame culos, son capaces de todo, todo lo toleran, con tal de meterle mano a uno que otro guiso, como, por ejemplo, robarse los dineros públicos o llevar a la familia a trabajar en el sector oficial para seguir aprovechándose de las riquezas del Estado.

Actualmente en Venezuela existe un sinfín de estos tipejos, tantos que tomaría 100 páginas de este libro solo mencionarlos, por lo que les presentare a los profesionales más grandes en cuanto a jalar bolas se trata.

Winston Vallenilla

Ser hijo del locutor Winston Vallenilla, voz oficial del canal Venevisión, le abrió las puertas de este medio de comunicación. Sin una pizca de talento, este pseudo actor fundamentó su carrera en su físico, dándose a conocer en el concurso Míster Venezuela, mismo que lo llevó a participar en varias telenovelas actuando como personaje secundario.

Un golpe del destino lo lleva a ser el presentador del programa la guerra de los sexos tras la renuncia del presentador oficial (Este sería su mayor logro).

En el 2007, el fallecido presidente Hugo Chávez cierra RCTV uno de los canales con más trayectoria en Venezuela, que, en ese entonces, tenía 53 años al aire de manera ininterrumpida.

En su momento, Vallenilla manifestó llorando como un bebe su pesar por la medida tomada por el Ejecutivo.

"No podemos permitir que se cercene la libertad de expresión y que cierren los medios de comunicación social. Estoy seguro de que vamos a salir adelante. Venezuela siempre unida, en paz y en libertad; no hay división, somos una sola Venezuela en familia", expresó el animador en una de las manifestaciones de los trabajadores ante el cierre del canal.

Acto seguido este tarifado, es nombrado presidente de TVES antiguo canal RCTV y el hombre que antes se quejaba de la censura contra la democracia y contra la libertad de expresión desaparece, convirtiéndose en uno de los seguidores más fieles del chavismo, (el actor juró lealtad una y otra vez al fallecido Hugo Chávez y ahora a Nicolás Maduro).

Este Sansón sin peluca se presenta en diciembre de 2013 como candidato para la Alcaldía del Municipio Baruta del Estado Miranda por el PSUV para los comicios municipales del 8 de diciembre, en las cuales fue derrotado por su contrincante opositor con una diferencia de votos de 60,6% obteniendo solo el 19,21% de la totalidad del municipio, **(Ni su mamá votó por él)**

Fue en enero del 2021, cuando el presentador y ex artista RCTV figuró entre los diputados rojos en la instalación de la ilegítima Asamblea Nacional de Nicolás Maduro, estrenándose como diputado ***"Rodilla en tierra"*** humillándose e inclinándose, jurando lealtad ante el dictador Maduro, este fracasado sin talento bueno para nada, no tiene el mínimo amor por sí mismo, haciendo realidad cuanta bajeza se le ocurra a Maduro, hasta llegó a actuar acompañado de su esposa Marlene de Andrade como protagonistas de la telenovela "el chofer y la princesa", novela que hace alusión a los inicios de Nicolás Maduro como chofer del Metro de Caracas, no existe la decencia en la mente de este personaje, quien en su visión de jalarle bolas a Nicolás Maduro, coloca al aire semejante porquería de telenovela.

Antonio. (El potro Álvarez)

Jugador de béisbol en la Liga Venezolana de Béisbol Profesional, jugó con los equipos: Leones del Caracas, Pastora de los Llanos, Navegantes del Magallanes, Tiburones de la Guaira y Las Águilas del Zulia, también jugó en las Grandes Ligas con el equipo de los Piratas de Pittsburg.

Álvarez incursionó en la música logrando el número uno en ventas y convirtiéndose en un artista reconocido, no por su talento, sino, gracias a la participación de grupos del género urbano, entre estos chino y Nacho, Oscarcito, Arcángel y Fuego.

En el ocaso de su carrera artística y sin amigos que hicieran colaboraciones con él, Antonio el Potro Álvarez decide dedicarse a una de las profesiones más antiguas del ser humano **(El jalabolismo),** arrodillado, frente a la bragueta abierta del dictador Nicolás maduro inicia su última etapa profesional, incursionando en la política, de la mano del Partido Socialista Unido de Venezuela. Sería nombrado coordinador de los Primeros Juegos Nacionales Deportivos por la Libertad.

Desde ese momento comienza el declive de este cantante de pacotilla, perdiendo el respeto de sus seguidores, quienes lo crucifican moralmente.

En su afán por el poder y el reconocimiento, se lanza en campaña política para el cargo de alcalde, perdiendo las elecciones municipales frente a Carlos Ocariz, comicios en los que fue increpado y acusado por simpatizantes de la oposición de aprovecharse de su relación con los entes gubernamentales para beneficio personal.

Hoy en día en su última etapa como profesional, es blanco de abucheos y repulsión, por parte del pueblo que algún día sintió orgullo por él.

Fidel Madroñero

Este gran lameculos de la revolución bolivariana fue un niño cantor en su etapa de escolaridad, pero sus ideales comunistas lo convirtieron en la basura que es hoy en día, a medida que compartía sus ideas lograba el repudio de la sociedad, a tal punto que fue expulsado por conflictivo de seis colegios.

Moderador del programa Zurda Konducta, programa que carece de imparcialidad, objetividad y neutralidad, siendo totalmente parcializado a favor del gobierno, **(esto con el fin de agradar a los**

gobernantes para obtener las migajas producto de su repugnante trabajo).

Desde sus inicios su estilo directo e irreverente, lo ha implicado en varias demandas por difamación e injuria, proveniente de políticos de oposición, por supuesto esto con el aval del gobierno nacional, quien defiende a capa y espada a uno de los más grandes chupamedias que ha parido la revolución bolivariana.

Este teletubbies con ínfulas de youtuber, se pasea por todo el mundo con su cabello alisado y sus cejas muy bien arregladas al mejor estilo de las kardashian, su odio hacia el sexo femenino es evidente, al punto de ofender a la periodista de Globovisión, Esteninf Olivares, tras preguntarle “que si siendo diputado del oficialismo investigaría la denuncia que se hizo sobre la detención del sobrino y ahijado de la primera rata, digo dama Cilia Flores”, su respuesta fue contundente, tildando de prostituta a la periodista.

Este criminal fue acusado de extorsionar a un empresario zuliano exigiéndole un millón quinientos mil bolívares semanales, a través de Ángel Orozco, alias “El curso” su escolta de mayor confianza, noticia que fue publicada por el Diario la Verdad, investigación que por supuesto fue eliminada de los tribunales de justicias venezolanos.

Actualmente Fidel Marañero digo Madroñero es la pareja sentimental del fiscal general de la República Tarek William Saab, aunque no se sabe si es el hombre o la mujer en la relación, en su afán de gozar de las bondades que da la revolución bolivariana, no le importa prostituirse o simplemente ser el juguete sexual de cualquiera que tenga un alto cargo en el gobierno.

"Venezuela: la tierra hecha de oro, diamantes y petróleo y su pueblo muere de hambre escapando de sus ricas fronteras".

María Acevedo.

Lcda. Venezolana.

El vientre maldito.

En Venezuela cuando todos los integrantes de una familia están en malos pasos o simplemente no son correctos en su andar, decimos que salieron de un vientre maldito, pero en el caso de la familia Chávez lo decimos de manera literal, todos están malditos por nacimiento.

Desde que el comandante llegó al poder en 1999 la familia del arañero pasó a ser la familia Real de Barinas, cambiando la casita con pisos de arena y paredes de bloques sin friso, por propiedades con más de **3500** hectáreas, incluyendo una finca de 600 hectáreas llamada la Chavera.

Su madre Elena, una vieja chancletuda quien ahora se las da de toda una diva, se estima posee una fortuna de más **20 millones** de dólares en sus cuentas bancarias, sus gustos por los jovencitos ocasionaron una ruptura en la relación con su esposo y padre del comandante eterno, Hugo de los Reyes, quien fue gobernador de

Barinas y ahora es el dueño de casi todo ese estado, poseyendo más de **17 fincas** valuadas en más de **400 mil** dólares cada una.

Sus hermanos **Adán y Asdrúbal** han ocupado varios cargos en el gobierno entre los cuales están el de ministro de Educación y director de Petróleos de Venezuela (PDVSA), este fue el trato que les ofreció Maduro, con el fin de tenerlos contentos y que no se crean merecedores del poder solo por tener el apellido Chávez. Sus otros hermanos **Argenis** ha sido presidente de la estatal eléctrica Corpoelec, también gobernador del Estado Barinas. **Narciso** se ha dedicado a la compra de tierras, mientras intenta hacerse con el poder político del Partido Socialista en Barinitas, además coordina el convenio de salud con Cuba.

Según un informe de la DEA, la familia Chávez en el año 2004 poseía cuentas en los EEUU con un monto mayor a **140 millones** de dólares, pero analistas estiman que la fortuna de la familia Chávez ronda los **1800 millones** de dólares.

Chávez se casó dos veces y tuvo seis hijos, dentro y fuera del matrimonio, dos de ellos reconocidos tiempos después de nacer y quienes son hoy los herederos de un legado medido en millones de dólares.

Su primer matrimonio fue con **Nancy Colmenares**, una modesta profesora de primaria, con la que tuvo tres hijos: **Rosa Virginia**, **María Gabriela y Hugo Rafael**.

Rosa Virginia su primogénita quien, a pesar de haber tenido un papá distante, debido a los años que Chávez estuvo en la cárcel y que su madrastra no permitía relación entre ellos, fue quien acompañó constantemente a sus tratamientos en La Habana, durante la enfermedad.

Al igual que su padre, Rosa Virginia se casó dos veces, la primera fue con el empresario Pedro Manuel Prieto, sobrino de quien era el Ministro de defensa y su segundo matrimonio fue con Jorge Arreaza titular de la Cancillería de Venezuela, de allí dio el salto a la política, dirigiendo la Misión Milagro, un programa social nacido en Cuba, manejando un presupuesto de 12 millones de dólares.

La traición de Maduro hacia el último deseo del comandante, hace que se divorcie del Canciller Arreaza, ya que este a pesar de conocer el plan trazado por Chávez, sigue apoyando a Nicolás Maduro.

Arreaza, en su afán de mantenerse en el poder y con la esperanza de que estando dentro de la cúpula que hoy gobierna, pueda voltear la tortilla a su favor, ser el candidato presidencial, tal y como se lo había prometido. Rosa Virginia no tolero la actuación de su esposo tildándolo de traidor y terminando la relación sentimental.

Su hija preferida María Gabriela hizo su debut en robo, perdón en política de la mano de su mentor y ladrón reconocido Rafael Ramírez, como representante diplomática de Venezuela ante las Naciones Unidas (ONU), disfrutando de una vida ostentosa en New York, cargo que no fue otorgado por el pueblo venezolano, más bien producto de nepotismo que caracteriza a esta familia. La hija preferida del comandante se benefició de una cuenta de millones de dólares, el cual gastó a sus anchas en tiendas como Channel, Louis Vuitton, entre otras, esta niñita inocente resultó ser novia de Manuel Koko Sosa quien estuvo implicado en el caso Odebrech, por supuesto, logro beneficio de casa por cárcel (que papaya). Actualmente está digna hija de su padre, vive en Francia como toda una reina. El diario de las Américas lanzó la noticia de que María Gabriela Chávez, posee una fortuna estimada de **3.800 millones de euros,** repartidos en cuentas de Suiza y Andorra.

De estos tres, el menos público es el varón Hugo Rafael, quien nunca perdonó al comandante eterno, por el abandono a su madre. El odio de Huguito hacia su padre, lo llevó hasta la drogadicción en un intento por castigarlo de la misma forma que él lo hacía, cuando los dejaba, para ir detrás de una nueva barragana (mujeres de la mala vida, una de las adicciones más fuertes del comandante).

De su segunda relación con María Isabel Rodríguez, nace una cuarta hija, **Rosa Inés** quien vive una vida al mejor estilo de París Hilton, residenciada en Londres con su madre, otra que supo aprovechar las oportunidades que le dio ser la mujer maltratada del comandante, las golpizas que este le propinaba se convirtieron en grandes sumas de dinero, tal como si se tratase de una pelea de Manny Paquiao. Marisabel ganaba muchos billetes con cada golpe que recibía, todo esto con tal de no sacar la noticia al escarnio público.

En sus redes sociales se les puede apreciar en conciertos, fiestas, yates lujosos y rodeados de grandes artistas, todo a costa del sufrimiento del pueblo venezolano. Entonces, yo me pregunto, ¿Por qué no está en Venezuela chupando socialismo?, malditas hipócritas.

Por último, tuvo dos hijas, fruto de relaciones extramaritales: **Génesis María**, hija de Bexhi Lissette Segura, cónsul venezolana en Guayaquil (Ecuador) y **Sara Manuela**, fruto del amor con **Nidia Fajardo**, azafata de la compañía VIASA y luego sobrecargo del avión presidencial.

Esta familia no ha tenido tapujo alguno en presumir en las redes sociales sus viajes por todo el mundo. En algunas ocasiones asistiendo a conciertos de Justin Bieber, y otras, exhibiendo fajos de dólares. Incluso puede encontrarse fotos de familiares luciendo relojes Cartier de oro.

"Sólo los valientes dicen la verdad, aun sabiendo que lo perderán todo".

Nadia Guzmán.

Economista Venezolana.

Se regocijan en sus propios excrementos.

La **coprofilia** es la atracción o gusto de algunas personas por las heces, propias o ajenas. Esta parafilia es considerada una clase de fetichismo, que consiste en la atracción hacia olfatear, untar, saborear o tocar excremento, con el fin de sentir excitación.

En la historia de la humanidad esto no es nuevo, el tiránico emperador Romano Calígula, sentía un placer al comerse el excremento de sus parejas, práctica que repetía muy a menudo a fin de saciar su apetito sexual. Este loco, sádico y torturador emperador, se vanagloriaba con el hecho de ser el todopoderoso, aunque en realidad solo era un come mierda.

En Venezuela un grupo de Calígulas, están ejerciendo cargos claves dentro del Estado, estos escarabajos peloteros, se han encargado de transformar aquella Venezuela linda, alegre y paradisíaca, en un país sumido en el caos, han hecho de esta su letrina personal, dando rienda suelta a su vasta imaginación, consumando su proyecto personal de país, el cual es un pozo séptico sin fondo, donde juegan, retozan y viven muy a gusto disfrutando de la porquería que sale de sus bocas.

Los Calígulas de Venezuela:

Rafael Lacaba.

Este payaso autodenominado Drácula es el gobernador del Estado Carabobo, en su anhelo de llamar la atención ha usado su sobrenombre en distintos programas del gobierno, por ejemplo: al transporte público lo nombró **TransDrácula**, al programa de abastecimiento de gas comunal lo llamó **Gas Drácula**, pero como si eso no fuese suficiente, en septiembre de 2018, la gobernación de Carabobo anunció la remodelación de la Plaza Cristóbal Mendoza ubicada en Valencia, para renombrarla como **Plaza Transilvania**, nombre que fue rechazado por la Academia de Historia de Carabobo calificándola como una falta de respeto, sin embargo, Lacaba inauguró la plaza en diciembre de ese mismo año, no conforme con esto, este pichón de vampiro fue el creador de un reto en las redes sociales, el cual consistía en subir un video en instagram con el hashtag Drácula

Challenge. No hay cordura en la mente de este Calígula Venezolano, que al parecer este tiene una obsesión por andar chupando.

Aristóbulo Izturiz.

Al negrito Aristóbulo Izturiz ministro de Educación del gobierno de Nicolás Maduro, al parecer se le olvido que en el pasado fue maestro de aula, a este mico come mierda, le hace gracia burlarse de los educadores, ya que en una entrevista asomó que en el mes de enero habría sorpresas para los docentes **(Que desgraciado).**

En su intervención aseguró que el Gobierno trabaja arduamente para mejorar los ingresos y consolidar el salario de todos los trabajadores del sector educación.

Cabe destacar que los maestros en Venezuela perciben un paupérrimo salario, que no llega ni a un dólar, según la tasa del Banco Central de Venezuela. Salario que no les permite ni pagar el pasaje hacia su lugar de trabajo.

"Un imparable deterioro de la educación en general. Estamos quedando sin educación, sin educandos y sin educadores.

Evidentemente sería el daño más grave e irreparable que este gobierno le está haciendo a nuestro país". Confesaron los maestros.

Además, los docentes también señalaron que el régimen de Nicolás Maduro los mantiene con un salario hambreador, de miseria y pobreza extrema.

Iris Varela.

La famosa fosforito, esta ex concubina del comandante Hugo Chávez, es la ministra para el poder popular para asuntos penitenciarios, ósea la malandra que más manda en las cárceles venezolana, esta basura humana llegó a asegurar que en las cárceles no habían pranes (lideres negativos), sino puras criaturitas de Dios.

Las cárceles venezolanas, son el infierno en la tierra, son por excelencia centros de planificación de secuestros, extorsión y asesinatos por encargo.

Esta ministra es la encargada de suministrar las armas a los colectivos que defienden la revolución Bolivariana, también es responsable de dejar en libertad a los delincuentes más perversos de nuestro país, los que mantienen en zozobra gran parte del pueblo venezolano.

Esta alimaña con falda, se siente muy cómoda en las cárceles, se pasea como si estuviese en su casa. Ser la dueña del negocio de la prostitución dentro de estos recintos, la hace sentirse familiarizada con los privados de libertad.

Al parecer está orgullosa de llevar a Venezuela a la inmundicia en la cual está acostumbrada a vivir.

Elías Jaua.

Este simpático personaje, que actualmente paso a segundo plano en el gobierno de Nicolás Maduro, fue la mente maestra en materia de culpar a los demás en el gobierno de comandante Hugo Chávez, este mentiroso compulsivo, llegó hasta culpar a su personal doméstico de portar armas de fuego, cuando las autoridades encontraron un revólver calibre 38 entre sus pertenencias a bordo de un avión oficial del gobierno Venezolano, en el que viajaba vacaciones junto a su familia. **(Hombre falta de pelotas).** Su última jugada **(ofrecerle a Maduro que realizara un consejo de base del PSUV para que de allí saliera el candidato presidencial)**, lo colocó en el

Banco de espectadores **(Maduro no permitiría el surgimiento de otro líder).**

Sin el comandante que lo apoyara en sus estúpidos argumentos y con un intelecto muy por debajo de lo normal, Jaua esgrime toda su putrefacta teoría, donde culpa al sector privado, de toda la situación que ocurre en el país **(sector que desde hace años no existe en Venezuela).**

Se comenta entre la cúpula del oficialismo, que Elías consumió más excremento que el resto de sus compañeros y quedó desfasado de la realidad.

Jorge y Delcy Rodríguez

Estos hermanos **uno** presidente de la Asamblea Nacional de Venezuela y **la otra** vicepresidenta de Venezuela, son dos oportunistas, quienes, con ambición de poder, tratan de fundar su propia dinastía, en una sociedad donde los carcome la envidia por no pertenecer a las clases más privilegiadas de este país, su resentimiento con la clase social alta es notoria.

Pertenecen al grupo de jefes del gobierno que dispone y la mayoría obedece, han sido protagonistas del desastre que hoy en día llaman patria, sin rumbo en su plan político, todo ha sido un caos nacido del intento de liberar la economía, mediante leyes que solo sirven en su imaginación, **(ley del plan de la patria, ley de zonas especiales, ley de inversiones extranjeras productivas, ley antibloqueo).**

Para este par de engendros, el futuro de Venezuela es volver al pasado, sin tener la más mínima vergüenza, eso sí, con toda la burla y el descaro del mundo.

Vladimir Padrino López

Este asqueroso personaje, es la razón por la cual Nicolás Maduro continúa aun en el poder. Padrino López, es el verdadero rostro del poder en Venezuela, es quien controla las fuerzas armadas Bolivarianas, la voz de mando tras las represiones de las manifestaciones, este infeliz es el responsable de que nuestras fuerzas armadas estén subordinadas al Gobierno Cubano, en pocas palabras, es quien mantiene abierta las piernas de nuestra Venezuela, para que sádicos como el, sigan abusando de ella.

Luego de analizar la vida y actuación de estos coprófagos, un sin número de inquietudes surgen en mi cabeza, ¿estamos como sociedad dispuestos a seguir viviendo entre la porquería que estos desgraciados profesan?, ¿hasta qué punto estamos dispuestos a dejar que estos sacos de basura nos arrastren a su cloaca personal?, ¿cuándo dejaremos de taparnos las narices y retomaremos las riendas de nuestro gran país?

"Tienen ínfulas de libertadores, cuando todo el mundo sabe que son unos dictadores de la peor calaña, se autoproclamaron líderes de una revolución, que fue la peor maldición que pudo caer en Venezuela".

Graig Bonilla.

Los propagandistas de la revolución.

El poder de la propaganda es una de las armas más usadas en la revolución de Chávez, para ello han contratado a los más grandes mentirosos que ha podido encontrar en su camino por la dominación del pueblo venezolano, personajes como Mario Silva y Pedro Carvajalino son los principales encargados de realizar el laboratorio mediático a través de mentiras y engaños, haciendo uso del único medio de comunicación que queda en el país, se dedican a informar lo grandioso de la revolución bolivariana.

Este sinfín de tarifados sin estudios que antes de la era Chávez eran conocidos por sus expedientes delincuenciales, no conocían lo que era el trabajo, ahora desfilan sus autos elegantes y enormes mansiones, mientras el pueblo de Venezuela come una vez al día y se desgasta la vida en filas kilométricas para conseguir gasolina o alimentos, mientras estos individuos se burlan regocijándose de lo grandioso de su maldita revolución.

Diosdado Cabello (Con el mazo dando)

Este payaso arrogante, que hoy día se las da de Martin Valiente, se le olvido que el 4 de febrero día de la intentona, fue capturado y se orinó como un chiquillo asustado por la oscuridad, es que a este pobre infeliz se le ve en la cara que no es más que un cobarde **(un cagao como decimos en mi país).**

En 2014, Diosdado Cabello fundó su programa Con El Mazo Dando el cual es transmitido por el canal Venezolana de Televisión, donde se dedica a hablar idioteces a favor del gobierno. Sus focas cooperantes le consiguen los chismes con los que este desarrolla su programa, al más bajo estilo de Chepa Candela.

Cabello es acusado de incitar el odio contra opositores a través de dicho programa, ya que frecuentemente se le ve difamando e incriminando a activistas venezolanos de oposición y ciudadanos civiles, así como a personalidades internacionales, desde que la polémica Ley Contra el Odio fue sancionada por la Asamblea Nacional Constituyente de 2017.

Los venezolanos nos preguntamos por qué no se aplica dicha ley a Cabello, por incitar al odio en su programa, pero todos sabemos la respuesta a esta pregunta.

En su programa realiza acusaciones sin pruebas, ya que según él, si tiene moral para señalar a los corruptos, declaraciones que no contrastan con la denuncia realizada por un Banco Alemán, quien presentó en diciembre de 2008 ante la Contraloría Nacional, documentos sobre el uso indebido de unos 230 millones de dólares y donde Cabello tendría una cuenta de **21,5 millones de dólares**, además del control de la empresa motos BERA, la firma de zapatos deportiva RS21, la cadena FarmAhorro y las industrias pesqueras EVEBA en Cumaná y Atún Margarita, además de **43 propiedades** inmobiliarias, utilizando a Pedro Torres Ciliberto y Arné Chacón como testaferros.

En una denuncia presentada en la corte de Miami por el activista Thor Halvorssen Mendoza contra la empresa energética Derwick Associates, sus dueños y su filial en Estados Unidos, se afirmó que millones de dólares fueron pagados por debajo de la mesa a funcionarios del gobierno venezolano, donde Diosdado habría recibido **50 millones de dólares** estadounidenses en sobornos.

Esta no es la primera vez que Cabello es implicado en operaciones de enriquecimiento ilícito. Según documentos del Departamento de Estado de los Estados Unidos y de la firma de servicios de inteligencia privada Stratfor, el presidente de la Asamblea Nacional encabeza uno de los grandes polos de corrupción en Venezuela.

Las denuncias de corrupción, donde Cabello se ve involucrado, incluyen ser el jefe de una organización internacional de tráfico de drogas, aceptar sobornos de Derwick Associates para proyectos de obras públicas en Venezuela, uso de nepotismo para favorecer a amigos y miembros de su familia y ser el líder de colectivos armados pagados con fondos de Petróleos de Venezuela.

El 11 de noviembre de 2015, un ahijado y sobrino de Cilia Flores, la primera dama, Efraín Antonio Campo Flores y Francisco Flores de Freitas respectivamente, fueron arrestados en Haití por conspiración para introducir 800 kg de cocaína a los Estados Unidos, ambos declararon haber actuado bajo las órdenes de Diosdado Cabello, **(A esto solo nos queda decir que Diosdado Cabello es un Ladrón cagao).**

Mario Silva (La hojilla)

Se da a conocer en el año 2004 cuando se crea La Hojilla TV, un programa de televisión conducido por Néstor Francia, Eileen Padrón y Mario Silva, **(los dos primeros, se retiraron al darse cuenta que el programa se trataba de noticias falsas)**, como parte de una estrategia política comunicacional diseñada por el muerto insepulto Hugo Chávez, con el fin de desinformar o crear un laboratorio de noticias falsas a favor de la revolución bolivariana.

Mario Silva queda solo encargado del programa y aunque este nunca ha cursado estudios de periodismo o comunicación social, con su personalidad irreverente, su arrogancia y lenguaje soez, logra una gran sintonía entre los simpatizantes del chavismo.

Miembro del G2 cubano **(inteligencia cubana),** este parásito arrogante utiliza sus influencias políticas para dar información al gobierno cubano, tal como quedó demostrado en el audio que revelo el diputado Ismael García en el año 2013

Entre las cosas que Silva relata está: el plan de Diosdado Cabello **(a quien califica de corrupto)**, para devaluar la moneda nacional, además que Maduro no posee pantalones para liderar el país, en su lugar lo hace Cilia Flores. **(Claro esto todos lo sabíamos).**

Debido a este audio, el programa la hojilla fue retirado del medio de comunicación del Estado, acto seguido Diosdado manda a darle una paliza como castigo, pero el astuto Mario Silva, firma un pacto de contra inteligencia comunicacional a favor del gobierno de Nicolás maduro, logrando así salvarse de las represalias de Cabello.

Actualmente es moderador del programa la Hojilla donde expone un sinfín de mentiras y defiende lo indefendible, además se especula, que es el líder de la distribución de drogas por parte del cartel de los Soles en Caracas y sus alrededores.

Zurda Konducta

Zurda Konducta sale al aire en el año 2010, en plena época de campaña electoral para las elecciones regionales y las elecciones parlamentarias en Venezuela, buscando abarcar un público, que no lograba captar el programa que conduce Mario Silva.

Dirigido a un público no mayor de 35 años, como parte de la estrategia política comunicacional del gobierno de Hugo Chávez, y la cual ha tenido continuidad en el actual mandatario venezolano Nicolás Maduro. Rápidamente ocupó un lugar importante tras la salida del aire de La Hojilla a causa del audio comprometedor grabado por el mismo Mario.

El programa es moderado por tres bufones **(Pedro Carvajalino, Oswaldo Rivero y Llafrancis Colina)** quienes en su afán por parecer periodistas, inclinan su cabeza, para lamerle las bolas a cualquiera que les ofrezca un puesto en un medio de comunicación., (**Aun no sé cómo estos bastardos besan a sus esposas (o) e hijos con esos mismos labios).**

Pedro Carvajalino

Especialista en terrorismo mediático de cuarta generación, este pinocho colombiano es uno de los coordinadores de propaganda y contra-propaganda del comando de campaña Bolívar-Chávez, del Gran Polo Patriótico.

Carvajalino ha hecho de la provocación su especialidad, en su programa expone con sus argumentos viscerales y análisis basados en odio, todo un arsenal de insultos a cuanta persona le señale su jefe Jorge Rodríguez.

Porque de la abundancia del corazón habla la boca.

Oswaldo Rivero (Cabeza de mango)

Este delincuente con chapa, es otro de los moderadores del programa. De abuelos cubanos y quien se dice ser un modesto ciudadano de a pie, cambio la metralleta por una cámara fotográfica y los autobuses por una camioneta de lujo.

Famoso por documentar la violencia en contra de los políticos de la oposición Venezolana, se presenta como un humilde comunicador social, pero según vecinos del sector Caraqueño, su trabajo va más allá de contar chismes en la televisión, actualmente es el presunto encargado de cobrar las ventas de las drogas distribuidas por Mario Silva en Caracas y sus alrededores, tal como quedó demostrado en el video de su detención el 11 de octubre del 2019 en una zona del centro de Caracas, donde intentaba por todos los medios evitar la requisa de su vehículo de lujo.

En una entrevista donde le fue preguntado si Diosdado Cabello tenía relación con el cartel de los soles, este respondió de manera nerviosa **"No sé, no creo"** dando esto por afirmativo.

Cabeza de webo, digo cabeza de mango, también es acusado de atropellar a unos bomberos en Barquisimeto, de intentar sobornar a funcionarios policiales y de portar una identificación del (Servicio Bolivariano de Inteligencia Nacional SEBIN).

Llafrancis Colina (La negra)

Ser malandro está de moda, estos, son los nuevos dueños de Venezuela, si no me creen solo deben ver a esta tierrúa atacando a cuanta persona le viene en gana, amenazas, insultos y un sinfín de burlas e improperios son el día a día de la programación de este burdo programa. Sin nada importante que decir, La negra se presenta en el programa solo con actitud hamponil, a mofarse de cuanta necesidad pasa el pueblo y lanzar amenazas a cualquiera que se atreva a hacer un análisis político de la situación venezolana.

Ernesto Villegas (ministro de Cultura)

Otra de las conciencias compradas a favor de la revolución. Este periodista que decidió cambiar sus principios por un ministerio, se ganó hasta el repudio de su propio hermano Vladimir Villegas, quien al igual que él, era militante del partido oficialista, pero al ver las atrocidades cometidas por estos bandidos con traje, decide retirarse y hacerle caso a su conciencia, su hermano por el contrario vende su alma al diablo tal cual **Judas Iscariote**, en un acto de pestilencia humana, **(Esto pasa cuando careces de verdaderos valores morales).**

Ernesto Villegas fue enlistado como número 51 en la lista de Panamá publicado en el Anexo A de la Resolución 02-2018 del 27 de marzo de 2018, que especifica a personas naturales y jurídicas de nacionalidad venezolana consideradas de alto riesgo en términos de lavado de dinero, financiamiento del terrorismo.

Miguel ángel Pérez Pírela (Desde donde sea)

Este Ensayista, filósofo y escritor venezolano, con estudios post doctorales fuera del País, es una de las ironías más grandes de la revolución Bolivariana, este supuestamente culto joven analista político, es creador, productor y moderador de su propio programa de televisión (La iguana TV), donde hace un análisis de la situación política venezolana y su entorno, lo extraño es que sus análisis siempre son sesgados a favor del gobierno (cosa muy extraña para un analista, por cierto).

En pago a sus buenos oficios, fue lanzado como paracaidista para candidato a la alcaldía de Maracaibo, jugada que les salió muy cara, ya que, a pesar de la movilización del PSUV, la compra de votos y la manipulación política, armas usadas por la maquinaria oficialista, les sale el tiro por la culata y Pérez Pírela pierde la Alcaldía Marabina, por razones obvias **(Nadie lo conocía en Maracaibo**).

Es la primera vez que vemos a una persona tan estudiada (filósofo), inclinarse a favor de un proyecto político que reposa sobre el hambre y la miseria de un pueblo, entonces yo me pregunto ¿cuánto le estarán pagando a Pérez Pírela?

He aquí a los más grandes desinformantes de Venezuela, que, gracias a sus influencias y medios de comunicaciones, se dan a la tarea de manipular y tergiversar las noticias en nuestro país.

Estos tipejos son tan idiotas que han llegado a comparar al mismo Francisco de Miranda con Chávez y a Simón Bolívar con

Nicolás Maduro, personalmente realizaré una breve comparación entre estos dos últimos, para obtener diferencias claras y que estos gafos, no vuelvan a repetir semejante idiotez.

Simón Bolívar nació en Caracas Venezuela, descendiente de una familia de aristocráticos de origen vasco, establecida en Venezuela a finales del siglo XVI, sus primeras enseñanzas estuvieron en las manos de Simón Rodríguez, Andrés Bello, entre otros, se graduó sobresaliente con el rango de subteniente en el Batallón de Milicias de Blancos de los Valles de Aragua. Rico de cuna, pondría toda su riqueza a disposición de la lucha por la independencia de Venezuela, consagró su vida en pro de la libertad de cinco naciones, eliminando la esclavitud en todas ellas, moriría en Colombia sin un peso víctimas de una terrible enfermedad.

Nicolás Maduro Nació en Cúcuta Colombia, de padre venezolano y madre colombiana, pobre de nacimiento, sin educación, ni valores, se robaría la riqueza y la libertad de la nación venezolana, hundiéndola en la más terrible de las miserias, sigue con vida, pero todos los venezolanos estamos esperanzados en que muera pronto, lo que sí es seguro es que no morirá pobre, actualmente es uno de los hombres más ricos de Venezuela a costa de las penurias del pueblo venezolano.

"Hay lugares en los que nos perderíamos una vida entera, siempre con la certeza de regresar a donde la vida nos abrazó".

Gustavo Gotera.

MSc. Venezolano.

Los tentáculos del socialismo en América Latina.

Muchos de los grandes aliados del socialismo en América Latina se encuentran bajo perfil, Luego del hundimiento de la democracia venezolana, misma que en su mejor momento fue una de las economías más sólidas en Latinoamérica, ninguno de los viejos amigos de Venezuela quiere ser relacionado con el socialismo del siglo 21, ya que esto representaría aceptar la derrota del modelo que ellos tan fervientemente defienden.

El plan de la izquierda en Americe Latina es claro, la famosa brisa Bolivariana que describió Diosdado Cabello en el foro de Sao Paolo, describe es el rumbo trazado. Calentar la calle mediante infiltrados para deslegitimizar los poderes públicos, logrando con esto volver al juego político en países donde ya han fracasado.

En Argentina, la dupla Alberto Fernández y Cristina Fernández, revive a la izquierda en ese país y en Bolivia la victoria de Luis Arce, devuelve al poder al partido de Evo Morales, pero por nada del mundo nombran a Hugo Chávez, mucho menos a la revolución Bolivariana, esto sería perder el impulso ganado por las equivocaciones de la derecha.

En la dictadura cubana, el comunismo mantiene desde hace más de 60 años a los gobernantes como reyes y al pueblo como esclavos. No hay esperanza en la vieja Cuba, ya que sus viejos habitantes, los que conocieron la democracia y libertad han muerto y los jóvenes de la isla nacen bajo el velo de la dictadura y las limitaciones, no conocen nada aparte de eso, para ellos no existe nada por lo que luchar.

En Colombia la brisa Bolivariana viene de la mano del exguerrillero y socialista Gustavo Petro, quien se muestra con mucha fuerza para las futuras elecciones del país Neogranadino, la victoria de Petro repetiría la historia de Venezuela, pero ahora bajo suelo colombiano.

Se borrarían las fronteras en esta nueva patria grande, Venezuela/Colombia, pero grande en miseria y hambre. Las Fuerzas Armadas Revolucionarias de Colombia (FARC), pasarían a ser garantes de ello.

La guerrilla bajo el mando de Iván Márquez, quien hoy es protegido del gobierno venezolano retornaría al país, haciendo y deshaciendo a sus anchas, cuanta bajezas se le ocurra, sumiendo a Colombia en el más absoluto de los caos.

"Gustavo Petro, huele a guerrilla, huele a socialismo, huele a Chávez, huele a hambre, huele a miseria, huele a mierda" …

JJ. Bozo.

Lo más increíble.

Estos ineptos llevan más de veinte años en el poder y utilizan miles de excusas para justificar lo injustificable (la destrucción de Venezuela) nunca es por culpa de ellos, siempre consiguen culpables, todos los días hay alguien nuevo a quien culpar. (El imperio, Colombia, Estados Unidos, la oposición, los pitiyanquies, España, la ONU, La OEA, Bush, Santos, Uribe, Duque, la iguana, las sanciones, la guerra mediática, la guerra eléctrica, la guerra petrolera, la guerra de los sexos, la guerra de las galaxias y un sin número de estupideces que no se lo creen ni ellos mismos).

No son culpables de la separación de las familias, ni de sembrar el odio entre hermanos, ni de destruir el aparato productivo, ni la industria petrolera nacional, ni de los millones de desplazados, ni los miles de muertos, tampoco son culpables de que los órganos policiales y las fuerzas armadas sean delincuentes con credenciales y licencia para matar, tampoco son culpables de la destrucción de los poderes públicos, ni de las expropiaciones de empresas productivas que ahora no son más que centros de corrupción y abandono, ellos no son los culpables, ellos solo han cometido mínimos errores, esto según su segundo al mando y máxima escoria de la revolución maldita, mal llamada Bolivariana, Diosdado Cabellos, pero **lo más increíble**, es que a pesar de todo esto, aún existen venezolanos que creen en estos parásitos malnacidos y piensan que el socialismo que ellos profesan es la solución a todos sus problemas.

"pero tenemos patria"

"Emigrar no es fácil, es de valientes agarrar una maleta llena de sueños con rumbo a un mundo desconocido, donde nos encontramos con una vida muy diferente a la que estábamos acostumbrados. Diferente cultura, hábitos, donde debemos adaptarnos a nuestro entorno. Pero siempre debemos tener presente nuestra identidad, no olvidar nuestra idiosincrasia, esa que nos diferencia del resto del mundo".

Andrés Martínez.

Barbero Venezolano.

El pez muere por la boca.

"Claro que estoy dispuesto a entregar el poder a los cinco años, yo he dicho que incluso antes, si por ejemplo, a los dos años yo soy un fiasco, un fracaso, o cometo un delito, un hecho de corrupción, o algo que justifique mi salida del poder, yo estaría dispuesto a hacerlo".

Hugo Chávez, (Entrevistado por Jorge Ramos, Caracas, el 6 de diciembre de 1998)

"¿Ustedes no recuerdan lo que dijo Cristo? Más fácil será que un camello entre por el ojo de una aguja, que un rico entre en el reino de los cielos. Nosotros no queremos ser ricos. Ser rico es malo".

Hugo Chávez, (Programa Aló presidente, Caracas 19 julio 2013)

"Exhibir cuerpos humanos es inmoral, donde está el respeto, eso es signo de la inmensa descomposición moral de este planeta".

Hugo Chávez, (Programa Venezolana de Televisión, Caracas 08 de marzo del 2009).

"Somos hoy una de las más prósperas economías de este continente, imagínate cuando estemos en el 2014 produciendo 4 millones de barriles de petróleo, cuando en el 2016 seamos la primera potencia petroquímica de este continente y cuando en el 2019 estemos en 6 millones de barriles de petróleo y tengamos, seguridad, soberanía alimentaria".

Hugo Chávez, (Entrevista de VTV, Caracas octubre del 2012).

"Nosotros estamos dispuestos a darles facilidades a los capitales privados internacionales para que vengan aquí a invertir".

Hugo Chávez, (Entrevista en Globovisión, Caracas 5 de diciembre de 1998).

"Basta con el canal de televisión que tiene el Estado, el canal ocho, claro hay que repotenciarlo, los demás canales deben ser privados".

Hugo Chávez, (Entrevista en Globovisión, Caracas 5 de diciembre de 1998).

"Yo no soy socialista".

Hugo Chávez, (Entrevista en Globovisión, Caracas 5 de diciembre de 1998).

"Cuba es una dictadura".

Hugo Chávez, (Entrevista en Globovisión, Caracas 5 de diciembre de 1998).

"Yo no soy el diablo, soy un hombre que va a trabajar en conjunto con todos los países, incluso de américa latina".

Hugo Chávez, (Entrevista en Globovisión, Caracas 5 de diciembre de 1998).

"Yo apuesto mi vida a que cuando lleguemos dentro de 10 años, al 2019 y 2020, habremos derrotado la miseria y la pobreza en Venezuela".

Hugo Chávez, (Programa aló presidente # 341, Caucagua).

"Voceros de los pitiyanquis, sobre todo los expertos economistas, pónganme el precio del petróleo a cero y Venezuela no entra en crisis. Pónganmelo a cero. No compadre, ahora más bien les digo que se pongan a rezar para que aquí no nos llegue el huracán de la crisis mundial. Porque ellos serían los más perjudicados, no el pueblo, ni la revolución socialista. La crisis es del capitalismo, no del socialismo"

Hugo Chávez, (Cadena nacional, Caracas 11 de enero del 2009).

"Para el 2011 Venezuela tendrá el mejor sistema eléctrico del continente".

Hugo Chávez, (Cadena nacional, Caracas 2009).

"Nace el petro y vamos a tener un éxito total para el bienestar de Venezuela".

Nicolás Maduro, (Twitter de Nicolás Maduro, Caracas 19 de febrero del 2018).

"La pobreza general en Venezuela es un 17 % y la pobreza extrema es un 4 %, si de necesidades de vivienda, salud, educación, etcétera se trata".

Nicolás Maduro, (Asamblea Nacional, Caracas 11 de enero del 2021).

"Venezuela es una democracia que cuenta con la libertad de expresión, yo diría, más amplia de todo el continente americano".

Jorge Rodríguez, (Entrevista a la BBC, Caracas 28 de marzo de 2018).

"Chávez creó un modelo para sacar a millones de personas de la pobreza".

Jorge Rodríguez, (Entrevista a la BBC, Caracas 28 de marzo de 2018).

"Ya salimos de lo peor de la crisis".

Jorge Rodríguez, (Entrevista a la BBC, Caracas 28 de marzo de 2018).

"Los apagones casi se están solventado, eso fue un problema que tuvimos muy severamente en 2016 y está casi completamente solventado. En Venezuela la gasolina es casi que gratuita".

Jorge Rodríguez, (Entrevista a la BBC, Caracas 28 de marzo de 2018).

"Nuestro régimen penitenciario es el mejor del planeta".

Iris Valera, (Globovisión, Caracas 5 de abril del 2017).

"No hay armas en las cárceles venezolanas".

Iris Valera, (Globovisión, Caracas 5 de noviembre del 2015).

"No hay control de pranes en ninguna cárcel, hay un control del Estado".

Iris Valera, (Programa Bladimir a la 1, Caracas 4 de mayo del 2017).

"En ninguna cárcel del país existe retardo procesal".

Iris Valera, (Programa Bladimir a la 1, Caracas 4 de mayo del 2017).

"Estoy contenta porque funciona la Constitución y los mecanismos constitucionales en Venezuela".

Iris Valera, (Programa Bladimir a la 1, Caracas 4 de mayo del 2017).

"El país tuvo un año escolar exitoso".

Aristóbulo Izturiz, (Telesur, Caracas 17 de julio del 2020).

"Chávez solo dejó como herencia material libros, sus fotos y condecoraciones, pero ninguna propiedad o fortuna".

Jorge Arreaza, (Encuentro con dirigentes del Partido Socialista Unido de Venezuela, Caracas 30 de agosto del 2014).

"Y las mujeres van a estar frente a esta batalla, yo sé. La mujer es la que se va a levantar tempranito y va a decir: hay que ir a votar. Claro, y el que no vota, no come. Para el que no vote no hay comida. Yo no sé, jaja. El que no vote, no come. Se le aplica una cuarentena ahí sin comer".

Diosdado Cabello, (Acto de campaña del Gran Polo Patriótico, Estado Bolívar (Venezuela 03 de noviembre del 2020).

"Todavía Venezuela padece de inflación, pero salimos del mecanismo de hiperinflación, en los últimos meses el pueblo venezolano no ha sentido la hiperinflación".

Delcy Rodríguez, (Programa. Aquí con Ernesto Villegas, Caracas 24 de noviembre del 2020).

Gracias maldito Chavismo.

"Por separarme de mi familia, amigos, conocidos y bueno, básicamente de cualquier persona que era parte de mi antigua vida, gracias por enseñarme lo que es la incomodidad, inquietud, desacomodo, disgusto, irritación, angustia.

Gracias por arrebatarme todas mis aspiraciones y hacer que mi futuro así como el de millones de Venezolanos fuera incierto, gracias a esto tuve no la oportunidad, sino la obligación, porque en realidad no era opcional, el hecho de dejar el nido y probarme a mí mismo que nunca es tarde para empezar de cero y que con mi determinación puedo lograr cualquier cosa que me proponga, gracias porque a raíz de esto pude conocer personas maravillosas que sé que llevaré conmigo hasta el final de mis días y logré darme cuenta que no soy de un solo lugar, si no que soy del mundo entero y que tu hogar no es el lugar donde resides, si no en donde está tu corazón, en la sonrisa de los seres que son importantes para ti, en el apretón de ese amigo que te tiende la mano cuando más lo necesitas, en el abrazo caluroso de esa persona que amas después de un día largo de trabajo, en ese beso que te hace sentir en el cielo por unos segundos y te hace querer detener el tiempo con todas tus fuerzas.

Después de vivir un periodo relativamente largo de tiempo infeliz, te replanteas que significa verdaderamente la plenitud, y he llegado a la conclusión que lo más importante en la vida es buscar tu felicidad propia y desde que entendí esta simpleza, pero a la misma vez verídica realidad, es lo que me propongo cada día que despierto.

Gracias por destruir todo lo que alguna vez fue importante para mí, porque así como yo, millones de personas más volvemos alzar la mirada hacía el horizonte pero esta vez más fuertes, sin miedo a caer, ya que cuando uno toca fondo y está en lo más bajo, no temes arriesgarte y tener pequeñas decepciones, ya que pase lo que pase, nunca más podrás volver a estar tan mal.

Gracias por enseñarme que una de las frases célebres que tienen más sentido para mí, en realidad no es del todo cierta…

"Una mala conciencia es el peor enemigo del sueño" - Robert Louis Stevenson.

Porque si así lo fuese, ninguno de ustedes malditos dirigentes políticos del Chavismo podría conciliar el sueño ni tan solo por un segundo".

Ivanco Álvarez.

Estudiante Venezolano.

Otros títulos del autor

Un amor inolvidable

Despertó tras un coma de 12 años con un solo pensamiento en su mente, el beso de su primer amor. Sin pasado, sin familia, sin saber quién es, comenzaría una búsqueda aferrándose al único recuerdo que su mente no pudo borrar.

https://www.amazon.com/dp/B08JWTGSGZ/ref=cm_sw_r_wa_apa_-qBIFbYSWJHSY

Los apóstoles y el diablo

El asesinato de su madre, lo hará sumergirse en la más despiadada de las venganzas, llevando al joven médico a descender hasta el mismísimo infierno, adentrarse en lo más bajo de la decadencia humana con tal de saciar su sed de sangre.

La palabra será cumplida, una antigua alianza será restaurada y las sombras de la muerte cubrirán el destino de aquellos que fueron señalados.

https://www.amazon.com/dp/B0892YD5TZ/ref=cm_sw_r_wa_apa_ir-VFbPSBHNBG

ÍNDICE

Made in the USA
Coppell, TX
23 December 2024

43433516R00062